ISÖ
Institut für
Sozialökologie

ISÖ-Text 2017-3

# Zukunftsszenario Altenhilfe Schleswig-Holstein 2030/2045

## Auswertung der Zukunftswerkstätten

Michael Opielka / Sophie Peter

ZASH 2030-2045
Zukunftsszenario Altenhilfe
Schleswig-Holstein

ISÖ – Institut für Sozialökologie gemeinnützige GmbH

ISÖ – Institute for Social Ecology non-profit company

Wir bedanken uns bei den ZASH2045-Unterstützern:

Diakonisches Werk Schleswig-Holstein (Auftraggeber)
Diakonie Altholstein
DiakonieStiftung Schleswig-Holstein
Stiftung Diakoniewerk Kropp
Kirchenkreis Nordfriesland
Kirchlicher Dienst in der Arbeitswelt
Kirchenkreis Plön-Segeberg
Landesverein der Inneren Mission

Bibliographische Information der Deutschen Nationalbibliothek:

Die Deutsche Nationalbibliothek verzeichnet diese Publikation in
der Deutschen Nationalbibliographie; detaillierte bibliographische
Daten sind im Internet unter http://dnb.dnb.de abrufbar.

Herstellung und Verlag:

BoD – Books on Demand, Norderstedt


ISBN: 978-3-74606-401-7

ISÖ-Text 2017-3

# Zukunftsszenario Altenhilfe Schleswig-Holstein 2030/2045

## Auswertung der Zukunftswerkstätten

Michael Opielka / Sophie Peter

Studie im Auftrag des Diakonischen Werks Schleswig-Holstein e.V.

Prof. Dr. Michael Opielka

Sophie Peter, M.Sc.

Siegburg, Oktober 2017

ISÖ - Institut für Sozialökologie gemeinnützige GmbH

Ringstraße 8, 53721 Siegburg

Tel.: +49 (0) 2241 1457073, Fax: +49 (0) 2241 1457039, E-Mail: info@isoe.org, Web: www.isoe.org

Coverabbildung: ISÖ

# Inhaltsverzeichnis

# Abbildungsverzeichnis

Institut für
Sozialökologie

# Einleitung – Wege zur Partizipation

Das Projekt „Zukunftsszenario Altenhilfe Schleswig-Holstein 2030/2045" – kurz „ZASH2045" – ist ein Forschungs- und Entwicklungsprojekt, beauftragt von einem Verband der Freien Wohlfahrtspflege (Diakonisches Werk Schleswig-Holstein) und durchgeführt von einem gemeinnützigen Forschungsinstitut (ISÖ – Institut für Sozialökologie). Alter und Altern erscheinen in der öffentlichen Diskussion eher als Problem, lange überwogen negative Altersbilder, was die Zukunft der Altenhilfe beengt. Demgegenüber lautet die zentrale Zukunftsfrage des Projekts mit dem Fokus auf den ländlichen Raum:

„Wie können wir überall alt werden?"

Um diese Frage zu beantworten durchläuft das Projekt mehrere Phasen, in denen unterschiedliche Methoden eingesetzt werden, ein sogenannter Methoden-Mix oder Mix-Methods-Ansatz. Dieser ISÖ-Text markiert das Ende der zweiten Workshop-Welle und somit den Einstieg in das letzte Drittel des Projekts (siehe Abbildung 1).[1]

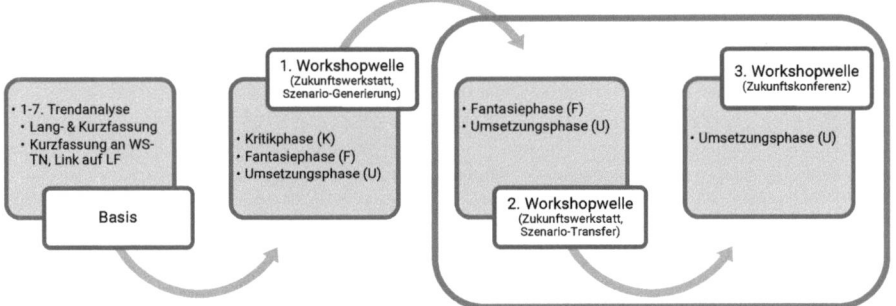

Quelle: ISÖ-ZASH2045

Abbildung 1: Die drei Workshop-Wellen des Projekts ISÖ-ZASH2045

Das Projekt will einen partizipativ angelegten, moderierten Akteurs-Dialog ermöglichen. Da nur eine kleine Gruppe an ExpertInnen an den ersten beiden Zukunftswerkstätten im März 2017 teilnehmen konnte, war der nächste Schritt online ein breit angelegtes Informations- und Dia-

---

[1] Für eine detaillierte Beschreibung verweisen wir hier auf den ZASH2045-Zwischenbericht (Opielka/Peter 2017 - ISÖ-Text 2017-1). Er kann im Internet kostenlos heruntergeladen oder als Druckexemplar bestellt werden (siehe: www.zash2045.de).

logangebot anzubieten. Damit wurde weiteren Interessierten auf lokaler, aber auch überregionaler Ebene die Chance gegeben, sich am Prozess der Szenarioentwicklung und Szenariobewertung zu beteiligen. Dieser Schritt war mit 321 TeilnehmerInnen sehr erfolgreich und hat dazu beigetragen, zwei finale Szenarien zu definieren: [2]

1) **Szenario 1[2] „Autonomie und Prävention in der Altenhilfe"**
2) **Szenario 4[3] „Altenhilfe geprägt durch Individualisierung und Rückzug des Staates"**

Diese beiden finalen Szenarien bildeten die Grundlage für die zweite Welle der Zukunftswerkstätten am 7. und 8. September in den Laborregionen Kreis Segeberg und Nordfriesland.

Der vorliegende Text befasst sich gegenüber dem Zwischenbericht noch einmal vertieft mit dem partizipativen Ansatz von ZASH2045. Das erste Kapitel behandelt daher im Allgemeinen die verwendeten Methoden, die durchweg auf einer Mitwirkung von TeilnehmerInnen aufbauen. Danach folgen die Auswertungen der ersten und zweiten Zukunftswerkstatt. Das vierte Kapitel analysiert diese Schritte aus der Perspektive der TeilnehmerInnen sowie die Prozessergebnisse und Erwartungen von Seiten des ISÖ-Teams. Der ISÖ-Text endet mit einem Ausblick auf die Zukunftskonferenz am 14. Februar 2018.

Quelle: ISÖ-ZASH2045

Abbildung 2: Projektzeitplan ISÖ-ZASH2045

---

2  Die Online-Beteiligung wurde ebenfalls dokumentiert: Opielka/Peter 2017a

Institut für
Sozialökologie

7

# 1 Die Methodik: Zukunftswerkstatt

Die partizipative Methode der Zukunftswerkstatt hat zum Ziel Lösungsvorschläge oder Umsetzungsstrategien zu einem Thema oder einem Problem zu entwickeln. Sie besteht neben der Einstiegs- und Ausstiegsphase aus drei weiteren Phasen:

1) Kritikphase, um den Kopf für neue Ideen freizubekommen
2) Fantasie-, Ideen- oder Utopiephase als Kontra gegen die vorherige Phase
3) Umsetzungs-, Verwirklichungsphase, um auf den „Boden der Tatsachen" zurückzukehren und einen Handlungsplan zu gestalten

Positiv an dieser Methode ist, dass sie „kreativitätsfördernd, aktivierend, handlungs- und teilnehmerorientiert und demokratisch" ist und „befähigt zur Eigenverantwortung und Selbstinitiative". Sie ist „ergebnisorientiert, mobilisiert und motiviert langfristig".[3] Nachteile sind der hohe Aufwand, ein möglicher Zeitdruck und die hohen Anforderungen an die Moderation.

Im Projekt ZASH2045 wird die Methode der Zukunftswerkstatt über den gesamten Prozess hin verwendet. Wie man in Abbildung 1 sehen kann, werden die einzelnen Phasen zu verschiedenen Zeiten unterschiedlich intensiv bearbeitet. Während die erste Zukunftswerkstatt den Schwerpunkt auf die Kritik- und Fantasiephase gelegt hatte, war die zweite Zukunftswerkstatt hauptsächlich auf die Fantasie- und Umsetzungsphase fokussiert. Die finale Zukunftskonferenz wird diese Schritte noch einmal aufarbeiten und in einer Zukunftsstrategie bündeln.

## 1.1 Szenarien-Methode

Grundlage des Projekts ZASH2045 ist ein partizipativ angelegter, moderierter Akteurs-Dialog. Dieser wird durch den Einsatz von Kreativtechniken mit den Schwerpunkten auf Kommunikation und Partizipation ermöglicht. Der Szenarioprozess begann mit sieben Trendanalysen zu zentralen Zukunftsfeldern, die durch die Betrachtung alternativer möglicher und zukünftiger Ausprägungen von Schlüsselfaktoren dynamisch gestaltet werden konnten. In der ersten Workshop-Welle wurden diese Ausprägungen kombiniert. Aus diesen Kombinationen wurden nach den ersten beiden Zukunftswerkstätten vier normative Szenarien gewonnen. Diese vier Szenarien wurden durch die Online-Beteiligung noch einmal überprüft und zugespitzt. Dadurch

---

[3] bpb 2017

konnten zwei finale Szenarien gebildet werden. Als Grundlage für diesen Prozess wurde von Beginn an eine morphologische Analyse (siehe Abschnitt 1.2) eingesetzt.

## 1.2 Morphologische Matrix

Wie eben angesprochen, basieren die Projektphasen zunächst auf sieben Trendanalysen und Experteninterviews, die dann zur methodischen Anwendung einer morphologischen Analyse geführt haben. Dies ist eine häufig genutzte Methode in der Zukunftsforschung und wurde vom Physiker Fritz Zwicky unter dem Begriff des „morphologischen Kastens" entwickelt, „einer systematisch-analytischen Kreativitätstechnik".[4]

Im ersten Schritt werden zu den erarbeiteten Schlüsselfaktoren relevante Ausprägungen (Hypothesen) formuliert und in eine Matrix eingetragen. Deren Kombinationen ergeben das morphologische Feld.[5] Somit wird die Analyse von nicht- (oder schwer-)quantifizierbaren und multidimensionalen Problemen möglich.[6] Dies hat zum Ziel „to explore possible futures in a systematic way by studying all the combinations resulting from the breakdown of a system".[7] Nach Erarbeitung der Ausprägungen und dem Eintrag in die n-dimensionale Matrix ist der nächste Schritt deren Kombination auf intuitive oder systematische Weise, um Szenarien zu entwickeln. Dies wird auch „Cross-consistency assessment" (CCA) genannt, womit schwache Ausprägungen identifiziert werden können und ein sogenannter „audit trail" entsteht, der den Prozess nachvollziehbar macht.[8]

Vorteil dieser kreativen Methode ist die zunächst gesonderte Betrachtung der Schlüsselfaktoren und deren Ausprägungen sowie die anschließende systematische Kombination. Damit wird eine hohe Transparenz und Dokumentation gewährleistet. Nachteile sind der Entscheidungsaufwand wie die normative Bedeutsamkeit der Ausprägungen sowie das Überforderungsrisiko der Workshop-TeilnehmerInnen.[9]

---

[4]    Kosow u. a. 2008, S. 49
[5]    Kosow u.a. 2008, S. 50
[6]    Ritchey 1998, S. 1
[7]    Kosow u.a. 2008, S. 49
[8]    Ritchey 1998, S. 8
[9]    Dieses konnten wir jedoch in der ersten Zukunftswerkstatt nicht beobachten.

ISÖ
Institut für
Sozialökologie

## 1.3  Phantasiereise

Phantasie- bzw. Traumreisen dienen insbesondere dem Training unserer (bildlichen) Vorstellungskraft, der mentalen Entspannung und zum Teil auch der Bewusstseinserweiterung; sie sind aber mehr als eine Schulung unseres Visualisierungsvermögens und unserer bildlichen Vorstellungskraft, sie eröffnen Zugänge zu einer im Entstehen begriffenen Zukunft.[10]

In der ersten Zukunftswerkstatt diente die Phantasiereise zur Imagination der eigenen Zukunft im Jahre 2030 bzw. 2045. Methodisch war es dabei wichtig, nicht eine bestimmte Zukunft vorzugeben, sondern einen Raum zu eröffnen, der es zulässt, seine je eigene Zukunft zu imaginieren; dies wird durch eine Sprache möglich, die einerseits den Rahmen für einen zukünftigen Kontext abstimmt und es andererseits dabei gleichzeitig ermöglicht, eigene Vorstellungen zu entwickeln.[11] Ausgewählte Ergebnisse der Fantasiereise wurden im Zwischenbericht dokumentiert.[12]

## 1.4  Kraftfeldanalyse

Die Kraftfeldanalyse, auch Faktorenfahrstuhl[13] genannt, dient dazu interne und externe hemmende und förderliche Faktoren des Szenario-Transfers aufzuzeigen, zu gewichten sowie zu verarbeiten (siehe Abbildung 3: Modell einer erweiterten Kraftfeldanalyse. Im Vorfeld muss die Frage „Was soll genau erreicht werden?" zur Themen-Umgrenzung beantwortet sein. In Projekten, die eine Veränderung der IST-Situation anstreben, kann durch diese Methode die Frage „Was fördert und was blockiert uns?" systematisch beantwortet werden.[14] Das Ergebnis sollte der Beantwortung der Frage „Was ist wesentlich (für mich)?" dienen.

---

[10]  Scharmer 2009

[11]  Maaß und Ritschl 1996; Müller 1996

[12]  Opielka/Peter 2017, S. 203-207

[13]  Die Kraftfeldanalyse, auf Englisch force-field-analysis, ist eine Methode zur Analyse der treibenden und rückhaltenden Faktoren in einer Situation (Miller 1989, S. 73). Sie ist mit der aus der Betriebswirtschaft bekannten SWOT-Analyse eng verwandt.

[14]  Windolph 2017

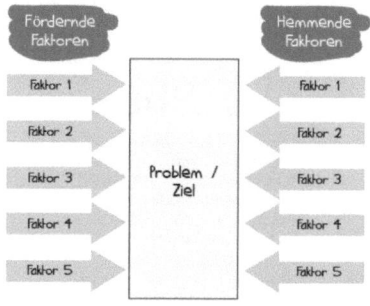

Quelle: Windolph 2017

Abbildung 3: Modell einer erweiterten Kraftfeldanalyse

## 1.5  Hot-Spot Whatness

Die vom ISÖ-Team adaptierte *Whatness-Methode* wurde in der zweiten Zukunftswerkstatt verwendet (siehe Abbildung 7). Darunter versteht man „die Suche nach dem Wesentlichen im Dialog", also die Konsensfindung einer Gruppe zu einem vorab definierten Thema.[15] Ziel ist es
diesen Konsens in die Praxis umzusetzen. Man kann zwischen vier Formaten unterscheiden:
Developing Whatness, Hot Spot Whatness, Visioning Whatness und Whatness Coaching. Die
Hot Spot Whatness diente für das Projekt als Vorbild, da sie „zur Findung und Eingrenzung von
wichtigen Themen" genutzt werden kann. Ziele dieses Formates sind „auf kurzem Wege
schnell zum Einverständnis über das Wesentliche zu kommen" und Prozesse anzustoßen.[16]
Nach einer kurzen Erklärung der Methode, den Gesprächsregeln und einem Umriss des bevorstehenden Ablaufs wurden die TeilnehmerInnen in Kleingruppen aufgeteilt.

---

[15] Sie bedient sich an mehreren Methoden: dem „sokratischen Gespräch" für die Dialogkultur, der Zukunftswerkstatt mit dem
Blick auf zukünftige Trends und dem Bielefelder Modell für den Gruppenprozess (whatness.eu/methode). Unter einem „sokratischen Gespräch" versteht man ein „Gesprächsverfahren zur dialogischen Klärung grundlegender philosophisch-morali-
scher und politischer Begriffe". „Zentrale Anliegen des Verfahrens sind die Förderung selbstständigen Denkens und der Fähigkeiten, logisch-sachbezogen zu argumentieren und klar zu formulieren, die Verbesserung der Kompetenzen für symmetri-
sche, problem- und lösungsorientierte Kommunikation mit ihren ethisch-moralischen Voraussetzungen sowie die Stärkung
der Orientierungssicherheit wie auch des Vertrauens in die eigene Vernunft und die Möglichkeit vernünftiger gemeinschaftli-
cher Lösungen" (Popp 2001).

[16] Whatness.eu 2017

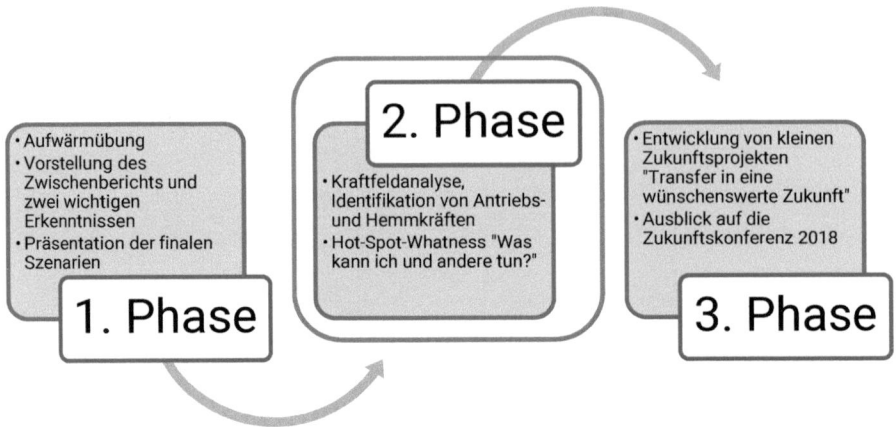

Quelle: ISÖ-ZASH2045

Abbildung 4: Ablauf der zweiten Zukunftswerkstatt

Darin sollten sie sich Gedanken über das Wesentliche (des Szenario-Transfers) machen. Folgende Fragen sollten beantwortet werden: „Was ist mein präferiertes Szenario?", „Was sind fördernde und hemmende Faktoren dafür?", „Welcher Faktor ist für mich am wichtigsten?" und „Welches Beispiel habe ich?". Die individuellen Gedanken wurden in Kleingruppen diskutiert und sollten zu einem Dialog führen. Ergebnis dieser Methode war die Beantwortung der Frage „Was kann ich und was können andere tun?" sein. Die Ergebnisse der Kleingruppen wurden abschließend im Plenum präsentiert.

## 1.6 World-Café

Dabei handelt es sich um eine lockere, flexible Moderationstechnik, die die TeilnehmerInnen zum eigenen Handeln in einer Gruppe motivieren soll. Ähnlich wie bei der Whatness-Methode ist es auch hier wichtig, Bezug auf die Kommentare der Tischnachbarn zu nehmen und seine eigenen Ideen beizutragen. Die Methode beinhaltet üblicherweise, dass man zwischen verschiedenen Diskussions-Tischen wählen kann und sich auch während des Verlafs für einen anderen Tisch entscheiden kann.[17] Im vorliegenden Fall beschränkte sich die Methode auf eine

---

[17] The World Café Community 2002

Neuformierung der Arbeitsgruppen entsprechend der individuellen Präferenzen der TeilnehmerInnen, sich einem der zuvor entwickelten Handlungsschritte aktiv zuzuordnen. Somit war ein Hauptziel, wie bei einem World-Café üblich, ein lebendiges Netzwerk durch einen kooperativen Dialog zu bilden.

# 2 Erste Zukunftswerkstatt (März 2017)

Bereits im ZASH2045-Zwischenbericht wurde die erste Welle der Zukunftswerkstatt sowie deren Evaluierung kurz beschrieben.[18] Sie fand am 9. und 10. März 2017 in Rickling (Kreis Segeberg) und Garding (Kreis Nordfriesland) mit insgesamt 36 TeilnehmerInnen statt (22 im Kreis Segeberg und 14 im Kreis Nordfriesland). Hier wird noch einmal detailliert auf die Ergebnisse aller Phasen eingegangen.

## 2.1 Methodischer Ablauf

Der Tag begann mit einer Begrüßungsrunde durch das ISÖ-Team[19] und das Diakonische Werk Schleswig-Holstein. Danach wurde mit Hilfe einer PowerPoint-Präsentation das Projekt durch Prof. Michael Opielka vorgestellt.

Prof. Erich Schäfer leitete danach in eine Kennenlernübung zur Auflockerung und Kontaktaufnahme zwischen den TeilnehmerInnen über. Somit wusste man von Anfang an, wer an dieser Zukunftswerkstatt teilnimmt und in welcher Funktion. Folgende Fragen wurden gestellt:

- Wo arbeiten Sie (N-S-W-O)?
- Aus welcher Himmelsrichtung in der Laborregion kommen Sie (N-S-W-O)?
- In wessen Auftrag sind Sie da?

Danach wurden durch den Moderator Prof. Erich Schäfer (ISÖ) die Gesprächsregeln vorgestellt, die vor allem auf ein angstfreies Klima als Basis für ein gutes Ergebnis der Zukunftswerkstatt abzielen. Erstes Arbeitsziel war die Entwicklung eines Dystopie-Szenarios (zukunftspessimistisches Szenario) in der Kritikphase. Dieser erste Schritt der Zukunftswerkstatt fand auf Basis der sieben Trends mit jeweils fünf Ausprägungen statt. Jede Teilnehmer, jede Teilnehmerin, erhielt zum Beginn der Zukunftswerkstatt eine Mappe mit mehreren Materialien. Darin enthalten waren unter anderem ein Ausdruck der morphologischen Matrix sowie ein Bewertungsblatt. Damit war es möglich, die einzelnen Trends und Ausprägungen zunächst individuell oder bereits in den Kleingruppen zu bewerten. Für die Kritikphase wurden nun zuerst

---

[18]  Zwischenbericht Opielka/Peter 2017, ab S. 196

[19]  Das ISÖ-Team bestand in beiden Workshop-Wellen aus Prof. Dr. Erich Schäfer und Prof. Dr. Michael Opielka als Moderatoren und Sophie Peter als Tagungsbegleitung.

alle negativen Punkte auf ein großes (Gruppen-)Poster der morphologischen Matrix geklebt. Der Fokus sollte auf als negativ angesehenen Ausprägungen von Trends liegen, problematische Felder sollten aufgerufen werden. Die Felder mit den meisten Punkten wurden ausgewählt und daraus entstand ein kondensiertes Dystophie-Szenario. Dieses wurde nach der Utopie-Phase wieder vergleichend aufgegriffen. Am Ende dieser Phase wurde ein Hauptkritiksatz pro Gruppe gebildet und über die morphologische Matrix gepinnt.

In Rickling (Kreis Segeberg) waren die dystopischen Szenarien:

- **Gruppe 1:** „Seniorinnen und Senioren sind in 2030/45 einsam, ungleich, materiell, abgekoppelt, arm, skeptisch, mächtig und egoistisch!"
- **Gruppe 2:** „Ein Alter in Armut und Einsamkeit, beherrscht von kalter Technik!"
- **Gruppe 3:** „Wenn Technik und Fremdbestimmung über den Menschen dominiert."
- **Gruppe 4:** „Vereinsamung, Ablehnung von Technik, Ungleichheit fördern, Angehörigkeit zu kirchlichen Gemeinden nur unter materiellen Gesichtspunkten, Altersarmut steigt, keine Mobilität, keine Kommunikation."
- **Gruppe 5:** „Vereinzelung, Entsolidarisiserung, mangelnde Teilhabe, Gruppenegoismus."

In Garding (Kreis Nordfriesland) wurden folgende Hauptkritiksätze gebildet:

- **Gruppe 1:** „Fremdbestimmte Vereinsamung ohne Materielle Absicherung."
- **Gruppe 2:** „Alt allein arm abgehängt → die schlimmen vier „As"."
- **Gruppe 3:** „Abgekoppelte Gesellschaft abhängig von Ehrenamt und funktionierender Technologie."
- **Gruppe 4:** „Entmenschlichung durch Technik, Einsamkeit und Verlust sozialer Bindungen, geschlossener Gruppen (Nationalismus)."

Mit einer Vorstellungsrunde der Dystopie-Hauptsätze und dem Ausgangspunkt: „Die Zukunft gilt es zu gestalten und fällt uns nicht in den Schoß, was könnte noch passieren?" wurden die TeilnehmerInnen in die erste Pause entlassen. Danach folgte die Entwicklung von Utopie-Szenarien (zukunftsoptimistische Szenarien). Sie nahm den Rest des Vormittags in Anspruch. Nun sollten in den Gruppen die positiven Punkte auf der Matrix angebracht werden. Es war ebenfalls möglich, weitere Trends und Ausprägungen hinzuzufügen, was nicht sonderlich in Anspruch genommen worden ist. Die TeilnehmerInnen waren aufgefordert, ihre Gedanken immer in Bezug auf die Laborregion und auf die Leitfrage „Wie können wir überall alt werden?" zu setzen.

ISÖ
Institut für
Sozialökologie

Die Mittagspause wurde für persönliche Gespräche genutzt und man konnte seine eigenen Gedanken über die Szenarien weiterentwickeln.

Im Kreis Nordfriesland wurde eine neue Methode zum Einstieg nach der Mittagspause getestet: eine Art Traumreise (siehe Abschnitt 1.3). Prof. Erich Schäfer führte die TeilnehmerInnen in einem Stuhlkreis in das Jahr 2030/45. Dadurch wurden persönliche Bilder und Visionen aufgerufen, wie der Alltag in einer ferneren Zukunft aussehen könnte. Eine detaillierte Ausführung der Ergebnisse finden Sie im Zwischenbericht.[20]

Danach wurde die Gruppenarbeit mit dem Ziel der Entwicklung eines Hauptsatzes für das jeweilige Utopie-Szenario weitergeführt. In Rickling (Kreis Segeberg) waren das:

- **Gruppe 1:** „SeniorInnen sind in 2030/45 erfahrene EinwohnerInnen, offen, zufrieden, abgesichert, kooperativ versorgt, aufgeschlossen, mobil."
- **Gruppe 2:** „Ein Lebensabend, spirituell erfüllend, in Gemeinschaft, wirtschaftlich gesichert, selbstbestimmt, mit guten Zusammenwirken von Jung und Alt."
- **Gruppe 3:** „Mobilität, Technik, soziale Absicherung stärken die Selbstverwirklichung im Alter."
- **Gruppe 4:** „ So selbstständig wie möglich – so viel Hilfe wie nötig, Abbau von Ungleichheit."
- **Gruppe 5:** „Gemeinschaft, Teilhabe, Solidarität, Altruismus, generationsübergreifende Verantwortung."

In Garding (Kreis Nordfriesland) wurden folgende Hauptsätze formuliert:

- **Gruppe 1:** „Et gah uns wohl up unse olen Dage!"
- **Gruppe 2:** „Gemeinschaft, sozial eingebunden, menschlich, selbstbestimmt, auf Bedürfnisse abgestimmt."
- **Gruppe 3:** „Gegenseitige Unterstützung bei umfassender, globaler Digitalisierung."
- **Gruppe 4:** „Ohne Vielfalt, generationenübergreifend unter Berücksichtigung von Fähigkeiten + Fertigkeiten, selbstbestimmt + lebendig bleiben."

Jede Gruppe stellte am Ende dieser Phase ihr Szenario vor. Es wurde erörtert, ob sich die ausgewählten Szenarien ähneln, ob etwas fehlt und welche Punkte hervorgehoben werden müssten. Am Ende entstand durch die Summierung der am häufigsten gewählten Ausprägungen pro Trend ein favorisiertes Utopie-Szenario pro Laborregion:

---

[20]  Opielka/Peter 2017, S. 203ff.

## Die morphologische Analyse (Kreativtechnik)

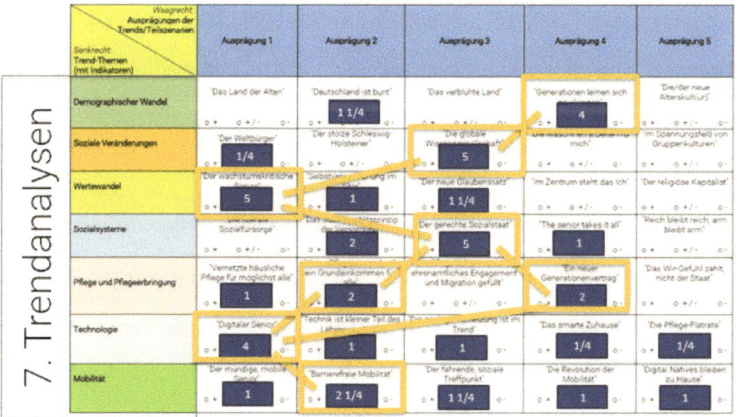

## Die morphologische Analyse (Kreativtechnik)

Abbildung 5: Vergleich der finalen Utopie-Szenarien in Rickling und Garding

Die letzte Stunde der Zukunftswerkstatt wurde genutzt, um erste Selbst- und Fremdaufträge zu formulieren. Dies geschah in nun trägerbezogenen Gruppen. Sie fanden sich aufgrund der Kennenlernübung schnell zusammen. In zwanzig Minuten sollten die ersten W-Fragen geklärt werden: Wo? Was? Wer? Wie? Bis wann? Die Antworten sollten auf einem Plakat festgehalten

ISÖ
Institut für
Sozialökologie

17

werden, die dann im Plenum noch einmal präsentiert wurden. In diesem Arbeitsschritt wurden folgende Ideen entwickelt:

**In Rickling:**

- **Gruppe „Diakonie":** Quartiersmanagement auf dem Land – „Gemeindeschwester/-bruder"
    - o Wo? Ländlicher Raum; Bürgerwille/ kommunales pol. Einverständnis ist Voraussetzung
    - o Was? AAL, Telemedizin, Schnittstelle/Vermittlung zu Ärzten, Schnittstelle Seelsorge, Zentrum eines Netzes, Zugang zu Menschen, Beratung, Anregen zu (Selbst-)Hilfe
    - o Wer? Partner Kirchengemeinde, Politik(kommunal), Bürger, Vereine, Diakonie als Träger
    - o Wie? Schaffen finanzieller Anreize (Projektmittel), langfristig finanziert, Teil der Daseinsvorsorge
    - o Wann? Rasch

- **Gruppe „Politiker"**
    - o Wo? Kreis Segeberg
    - o Was? Mobilität (ÖPNV/SPNV), Mitfahrnetzwerk, AsT/Bürgerbusse, E-Mobilität/autonomes Fahren, Barrierefreiheit
    - o Wer? Kreispolitik
    - o Wann? Runder Tisch der Verkehrsträger nach den Sommerferien

- **Gruppe „Verwaltung"**
    - o Was? Sozialraummanagement für alt + jung
    - o Wo? Im ländlichen Raum
    - o Was im Detail: Beratung, Koodinierung, Vernetzung, kulturelle Angebote, Pflegestützpunkte, Familienzentren, Af+A+A (Anlaufstelle für alle + alles)
    - o Wer? Kreis + Kommunen + ?
    - o Wann? Dabei

- **Gruppe Sonstiges**
    - o Was? Mobilität
    - o Führerloser Bus / PKW
    - o Seniorentickets
    - o Mitnahmesysteme
    - o Mitfahrerbänke
    - o Vertaktung (Bus) auf Bedarf abgestimmt

**In Garding:**

- **Gruppe „Diakonie"**
    - o Wo? Modellprojekt: Nordfriesland

- o Was? Familien-Netzwerk-Konferenz
- o Wie? App-Pilotierung (KDA? Pflegekassen?)
- o Wer? Mediator/in, Organisationspartner
- o Wann? 2. Halbjahr 2017

- **Gruppe „Politik und Verwaltung"**

    - o Was? Mobilität „Rufbus"
    - o Wo? Ländlicher Räume: ganz NF
    - o Wer? Anbieter: Kreis NF + Kommunen
        - NutzerInnen: Hauptzielgruppen: ältere Menschen + Menschen mit Handycap + Jugendliche (alle)
        - Hürde: Auf dem Land in einen Bus einsteigen → Lotsenprojekt, in Ausarbeitung, ehrenamtliche BegleiterInnen (beim ersten Mal zu Schwellenüberwindung)
    - o Wann? NF: August 2018
        - Eiderstedt: 1. April 2017 (Raum Garding) im 2-Stunden Takt
    - o Ziel? Ältere Menschen möglichst lange im eigenen Heim leben zu lassen

- **Gruppe „Sonstige":**

    - o Palliativmedizinische Versorgung
        - Eiderstedt: Information, Versorgung
    - o Demenz: Bewusstsein, Kapazität
    - o Lob und Management des Kurzzeit-Engagements
    - o Wohnen: Wohnberater (Masterplan)

Der Tag endete mit einer kurzen Feedback-Runde. Zudem konnte anonym ein Evaluationsbogen ausgefüllt und in einer Wahlurne platziert werden. Die Ergebnisse finden sich in Kapitel 4.1.


## 2.2   Ergebnisse

Zentrales Ergebnis der ersten Workshop-Welle mit zwei Zukunftswerkstätten war die Entwicklung von vier normativen Szenarien (Abbildung 6).[21] Hierzu wurden die dystopischen und die utopischen normativen Szenarien aus beiden Zukunftswerkstätten (Abbildung 5) durch das Forschungsteam synthetisiert und mit der Steuerungsgruppe des Diakonischen Werks Schleswig-Holstein durchgesehen. Eine Validierung erfolgte dann im Rahmen der Online-Beteiligung (Abbildung 1).[22]

---

[21]   Für eine ausführliche Erläuterung verweisen wir hier auf den Zwischenbericht Opielka/Peter 2017, S. 201ff.

[22]   Opielka/Peter 2017a

ISÖ
Institut für
Sozialökologie

|  | Szenario 1 „Autonome und individuelle Altenhilfe" | Szenario 2 „Altenhilfe geprägt durch Prävention und Planung" | Szenario 3 „Altenhilfe geprägt durch Individualisierung und den ‚schmalen Staat'" | Szenario 4 „Altenhilfe geprägt durch Eigenvorsorge und Gespaltenheit" |
|---|---|---|---|---|
| Trend 1 „Demographischer Wandel" | „Generationen lernen sich neu kennen" | „Generationen lernen sich neu kennen" | „Generationen lernen sich neu kennen" | „Das verblühte Land" |
| Trend 2 „Soziale Veränderungen" | „Die globale Wissensgesellschaft" | „Die globale Wissensgesellschaft" | „Die globale Wissensgesellschaft" | „Im Spannungsfeld von Gruppenkulturen" |
| Trend 3 „Wertewandel" | „Der wachstums-kritische Senior" | „Der wachstums-kritische Senior" | „Der wachstums-kritische Senior" | „Im Zentrum steht das Ich" |
| Trend 4 „Sozialsysteme" | „Der gerechte Sozialstaat" | „Der gerechte Sozialstaat" | „Reich bleibt reich, arm bleibt arm" | „The senior takes it all" |
| Trend 5 „Pflege und Pflegeerbringung" | „Keine Pflegearmut durch ein Grundeinkommen für alle" | „Ein neuer Generationenvertrag" | „Die Pflegelücke wird durch ehrenamtliches Engagement und Migration gefüllt" | „Das „Wir-Gefühl" zählt, nicht der Staat" |
| Trend 6 „Technologie" | „Digitaler Senior" | „Digitaler Senior" | „Das smarte Zuhause" | „Die analoge Vernetzung ist im Trend" |
| Trend 7 „Mobilität" | „Die Revolution der Mobilität" | „Barrierefreie Mobilität" | „Barrierefreie Mobilität" | „Digital Natives bleiben zu Hause" |

Abbildung 6: Die finale morphologische Matrix mit den vier Szenarien nach der ersten Zukunftswerkstatt

# 3 Zweite Zukunftswerkstatt (September 2017)

## 3.1 Methodischer Ablauf

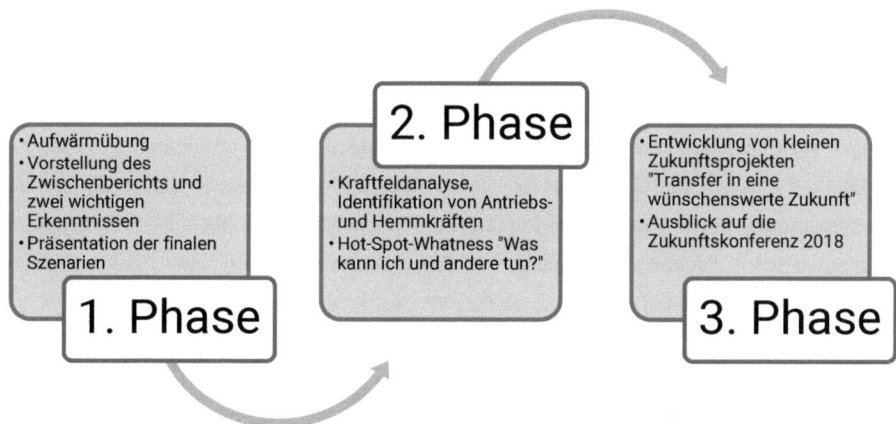

Quelle: ISÖ-ZASH2045

Abbildung 7: Ablauf der zweiten Zukunftswerkstatt

Die zweite Workshop-Welle fand im September 2017 in Form von zwei Zukunftswerkstätten jeweils in den Laborregionen statt, am 7.9.2017 in Henstedt-Ulzburg im Kreis Segeberg und am 8.9.2017 in Tönning im Kreis Nordfriesland. Mit jeweils 19 TeilnehmerInnen[23] hatte sie die Aufgabe des „Szenario-Transfers" - von wünschenswert zu wahrscheinlich.

Der Tag begann ähnlich wie die erste Zukunftswerkstatt im März mit einer Aufwärmübung, damit sich die TeilnehmerInnen kennen lernen konnten. Vier Flipcharts wurden jeweils in eine Ecke gestellt, die unterschiedliche Antworten zu vier Fragen zeigten:

- Wer ist heute da? *(Diakonie, Wirtschaft, Verwaltung/Politik, zivilgesellschaftliche Organisation)*
- Wer hat an der Online-Befragung teilgenommen und wie? *(Fragebogen, Bewertung, Generierung; Fragebogen, Bewertung; ?)*

---

[23] Im Kreis Segeberg waren es mit Moderatoren, Mitarbeiter des DW SH und des ISÖ insgesamt 25 TeilnehmerInnen, im Kreis Nordfriesland 26 TeilnehmerInnen. ISÖ und DW wurden für die Evaluation (siehe Abschnitt 4.1 und Anhang) ausgeschlossen.

- Wer war am 8. oder 9. März in Rickling/Garding dabei? *(Ja, ich war dabei)*
- Die nicht dabei waren: Wie haben sie von dem Workshop erfahren? *(Nein, habe Email erhalten; nein, ich wurde persönlich angesprochen)*

Anschließend wurden der Zwischenbericht und die wichtigsten Ergebnisse der Online-Befragung kurz vorgestellt. Zentral waren zwei Ergebnis-Beispiele, die in der ersten Phase der Workshops noch einmal genauer beleuchtet wurden. Zum einen wurde die Frage „Warum sitzen wir hier?" im Hinblick auf die Strategien der Daseinsvorsorge der jeweiligen Laborregion beantwortet. Dies geschah im Rahmen einer „Mini-Talk-Show" mit einer/m Expertin/en aus dem jeweiligen Kreis als „Gast". Diese/r stellte das Versorgungskonzept vor und stand für Fragen zur Verfügung.[24] Das zweite Beispiel war die nähere Beleuchtung der konträr zueinander stehenden Bewertungen von wünschenswerten und wahrscheinlichen Szenarien. Die Überlegungen aus diesem Schritt dienten als Übergang in die Präsentation der beiden finalen Szenarien: Szenario 1[2] und 4[3], die im ISÖ-Text 2017-2 ausführlich beschrieben werden.

Nach diesem Einstieg folgte eine *Kraftfeldanalyse*, auch Faktorenfahrstuhl genannt (siehe Kapitel 1.4).[25] Das Ergebnis kann wie folgt dargestellt werden:

**Für den Kreis Segeberg:**

| S1[2] „Autonomie und Prävention in der Altenhilfe" | |
| --- | --- |
| **Fördernde Faktoren** | **Hemmende Faktoren** |
| - Soziale Gerechtigkeit<br>- Wissenstransfer + Bildung<br>- Intergenerative Gemeinschaft<br>- Wohlstand durch digitale/automatisierte Produktion<br>- Bildung in Empathie + Gemeinsinn<br>- Wertschätzender Umgang aller Menschen miteinander<br>- Breite Akzeptanz<br>- Technische Entwicklung<br>- Technologieentwicklung ermöglicht Eigenständigkeit und optimiert den Ausbau der Infrastruktur<br>- Grundeinkommen<br>- Politische Entscheidungen, das Grundeinkommen | - Wirtschaftlicher Profit der einzelnen Bevölkerungsgruppen steht im Vordergrund und dieses Gedanke spiegelt sich in der Politik<br>- Generationenmiteinander: Schwer, Hilfe der jüngeren anzunehmen, wenn man zu alt ist, um viel zurückzugeben<br>- Zu wenige seniorengerechte Wohnungen bzw. Wohnformen<br>- Sozialsystem ist undurchlässig<br>- Mobilitätsfragen sind nicht geklärt<br>- Materieller Besitz ist soziales Prestige<br>- Generationenvertrag kann nicht erfüllt werden |

---

[24] Der für diese Methode vorgesehene Experte des Kreises Nordfriesland sagte krankheitsbedingt am Morgen des Workshops ab, so dass die Kompetenzen anderer TeilnehmerInnen aus dem Landkreis mobilisiert wurden.

[25] Die Kraftfeldanalyse, auf Englisch force-field-analysis, ist eine Methode zur Analyse der treibenden und rückhaltenden Faktoren in einer Situation (Miller 1989, S. 73). Sie ist mit der aus der Betriebswirtschaft bekannten SWOT-Analyse eng verwandt.

ISÖ
Institut für
Sozialökologie

| | |
|---|---|
| - Krankenkassen fördern<br>- Einheitliche Krankenkasse<br>- Altersarmut abschaffen<br>- Generationenübergreifender, kollektiver Gedanke<br>- Bürgerschaftliches/machbarschaftliches Engagement wird gefördert<br>- Starker Sozialstaat mit Grundeinkommen gegen Armut und Wohnungsnot und für Barrierefreiheit | - Finanzielle Ressourcen<br>- Demographische Entwicklung<br>- Gesichertes Grundeinkommen<br>- Unterschiedliche Ausbildungen<br>- Ungleichheit der kommunalen Baugebiete<br>- Zunehmende Armut<br>- Keine Arbeitsplätze in der ländlichen Region<br>- Abbau Sozialstaat<br>- Fehlende Bereitschaft sich einzubringen<br>- Gesetzliche Einschränkungen/ politischer Willen<br>- Abgrenzung/ Ausgrenzung |

| S4[3] „Altenhilfe geprägt durch Individualisierung und Rückzug des Staates" | |
|---|---|
| **Fördernde Faktoren** | **Hemmende Faktoren** |
| - Starke Individualisierung<br>- Digitalisierung als Chance für bessere Versorgung und Förderung der Kommunikation – Nachbarschaft und Wir-Gefühl<br>- Pflegeberuf – prof. Pflege, Nachbarschaftshilfe<br>- Egoismus des Menschen | - Finanzierung nicht gesichert. Ungleichheit: Arm bleibt arm, reich bleibt reich<br>- Egoismus, teils techn. Entwicklung<br>- Lebensbedingungen einkommensschwacher Menschen<br>- Keine Nachbarschaft |

**Für den Kreis Nordfriesland:**

| S1[2] „Autonomie und Prävention in der Altenhilfe" | |
|---|---|
| **Fördernde Faktoren** | **Hemmende Faktoren** |
| - Selbstverständliche aktive Bürgerbeteiligung<br>- Nachbarschaftshilfe jung/alt<br>- Gegenseitige Nutzung des Wissenspotentials zwischen Jung und Alt<br>- Vielseitigkeit innerhalb einer Gemeinschaft<br>- Lange Lebenspartnerschaft<br>- Ausreichende finanzielle Versorgung<br>- Wertschätzung/ Antistigmaarbeit/ Begegnung<br>- Soziale Aspekte, nicht die wirtschaftliche Gewinne im Vordergrund<br>- Verantwortung für eigenes Handeln zu übernehmen | - Dominante Individualinteressen<br>- Keine Toleranz<br>- Egoismus/ Akzeptanz<br>- Wirtschaftlicher Profit der einzelnen Bevölkerungsgruppen im Vordergrund/Egoismus<br>- Selbstständiges Wohnen einfach gemacht<br>- Finanzierbarkeit<br>- Fachkräftemangel<br>- Unzureichende finanzielle Versorgung<br>- Isolation und Vereinsamung<br>- Sicherung des Unterhalts für Haus, Hof, Garten |

ISÖ
Institut für
Sozialökologie

| | |
|---|---|
| - Überforderung der Angehörigen in der Pflege<br>- Büsum – zunehmende Ausstattung mit sowohl „junger" als auch „altersrelevanter" Infrastruktur"<br>- „Miteinander" der Generationen<br>- Wertschätzung + adäquate Entlohnung sozialer Berufe<br>- Bestärkung und Honorierung der Kompetenzen der „jungen" Alten<br>- Globalisierte Gemeinschaft<br>- Digitalisierung<br>- Zunehmende Arbeitsplatzverluste durch Digitalisierung<br>- Soziale Unruhen | - Pflegestärkungsgesetze / Ausrichtung der Pflegeversicherung: statische Finanzierung von dynamisch sich verändernden Systemen<br>- Stationäre Pflege / Wohnsetting (closed shop)<br>- Längerer Prozeß in der Umsetzung, Ergebnis nicht so schnell sichtbar<br>- Generationenvertrag durch demographische Entwicklung kaum einlösbar (Ungleichgewicht)<br>- Politische Mehrheiten<br>- Schwäche der Gewerkschaften<br>- Fehlendes Engagement der Menschen in Vereinen |

| S4[3] „Altenhilfe geprägt durch Individualisierung und Rückzug des Staates" | |
|---|---|
| **Fördernde Faktoren** | **Hemmende Faktoren** |
| - Entlastung von Angehörigen<br>- Einfachere Finanzierung der Pflege<br>- Dienstleistung zum Kunden<br>- Bereits heute Trend der 20-30 jährigen<br>- Einheit schaffen, Verständnis schaffen | - Zersiedelung<br>- Veränderung des Arbeitsmarkts<br>- Finanzierung<br>- Lange Wege in die aufsuchende Versorgung<br>- Aufbrechen der Strukturen<br>- Der alte Mensch kann sich selbst nicht wehren, bzw. Versorgung regeln<br>- Der alte Mensch kommt mit der Technik nicht zurecht |

Das Ergebnis der Kraftfeld-Analyse sollte die Beantwortung der Frage „Was ist wesentlich (für mich)?" unterstützen. Dieser Schritt bildete die Überleitung zur zweiten Phase und damit zu der vom ISÖ-Team adaptierten *Whatness-Methode*. Für die zweite Zukunftswerkstatt diente die Hot Spot Whatness als Vorbild, da sie „zur Findung und Eingrenzung von wichtigen Themen" genutzt werden kann. Ziele dieses Formates sind „auf kurzem Wege schnell zum Einverständnis über das Wesentliche zu kommen" und Prozesse anzustoßen.[26] Nach einer kurzen Erklärung der Methode, den Gesprächsregeln und einem Umriss des bevorstehenden Ablaufs wurden die TeilnehmerInnen in Kleingruppen aufgeteilt.

Darin sollten sie sich Gedanken über das Wesentliche (des Szenario-Transfers) machen. Folgende Fragen sollten beantwortet werden: „Was ist mein präferiertes Szenario?", „Was sind

---

[26] Whatness.eu 2017

ISÖ
Institut für
Sozialökologie

fördernde und hemmende Faktoren dafür?", „Welcher Faktor ist für mich am wichtigsten?" und „Welches Beispiel habe ich?". Diese individuellen Gedanken wurden in Kleingruppen diskutiert und sollten zu einem Dialog führen. Ergebnis dieser Methode war die Beantwortung der Frage „Was kann ich und was können andere tun?" sein. Die Ergebnisse der Kleingruppen wurden abschließend im Plenum präsentiert.

**Kreis Segeberg:**

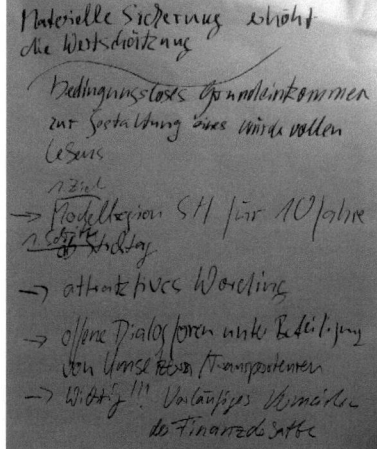

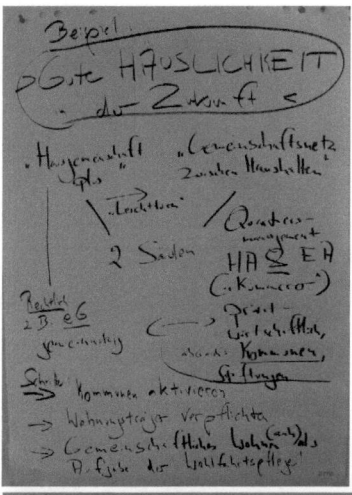
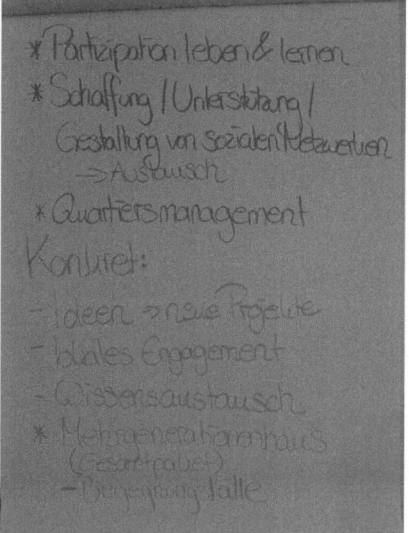

**Kreis Nordfriesland:**

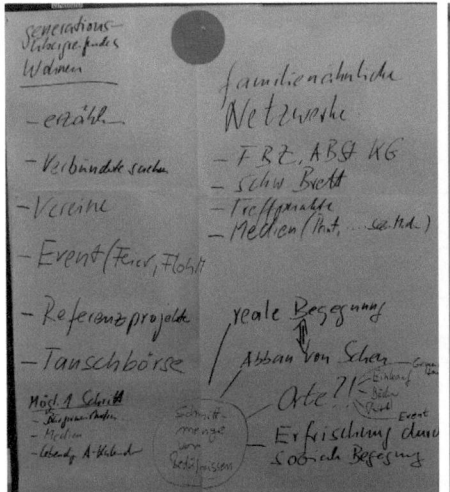

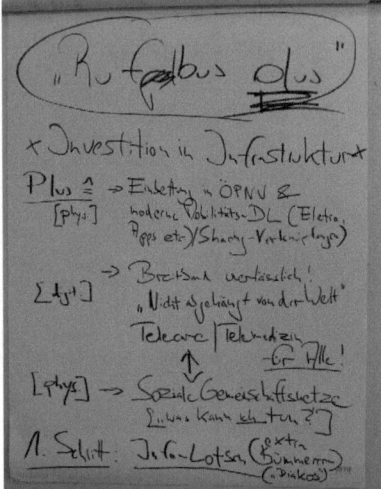

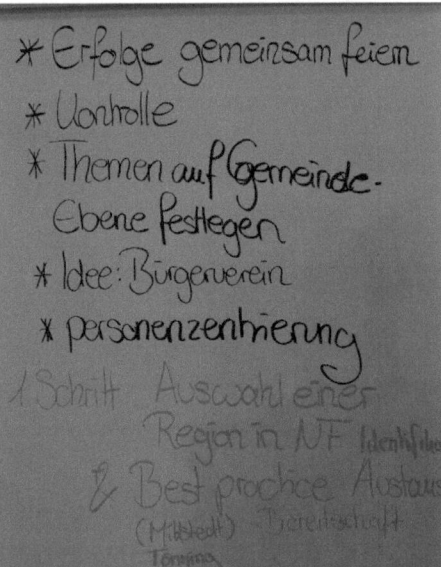

ISÖ
Institut für
Sozialökologie

Das war die Überleitung zur dritten und letzten Phase des Tages, der Identifikation von konkreten Handlungsschritten. In der Großgruppe wurden nun die Erkenntnisse zusammengetragen, immer mit der Leitfrage „Wie können wir überall alt werden?" im Hinterkopf. Die Ideen wurden geordnet (geclustert) und in einem (nicht-rotierenden) World-Café (siehe Abschnitt 1.6) in kleinen Gruppen weiterentwickelt. Ziel war die Entwicklung von kleinen Zukunftsprojekten „Transfer in eine wünschenswerte Zukunft". Das detaillierte Ergebnis finden Sie im nächsten Abschnitt. Der Tag endete mit einem Ausblick auf die Zukunftskonferenz im Frühjahr 2018 (am 14. Februar 2018 in Rendsburg). Diese wird die Ideen der Zukunftswerkstatt in einer Poster-Sitzung aufgreifen und den IST-Zustand der Zukunftsprojekte beleuchten (siehe auch Kapitel 5).

Eine Fotodokumentation beider Workshop-Wellen ist auf der Homepage des Projektes ZASH2045 unter http://zash2045.isoe.org/projekt/drei-workshop-wellen/ zu finden.

## 3.2  Ergebnisse

Folgende zukunftsorientierte Kleinprojekte konnten in der zweiten Workshop-Wellte erarbeitet werden. Wir dokumentieren die Kleinprojekte hier in der Form, wie auch auf der Projekthomepage (http://zash2045.isoe.org/teilnehmen/zukunftsschritte/) im Anschluss an die Workshops genutzt wurde.

**Kreis Segeberg:**

1. **„Dialogforen Grundeinkommen":** Ein universelles Grundeinkommen zur Sicherung eines würdevollen Lebens. Erster Schritt in diesem Projekt ist die Vorbereitung von offenen Dialogforen in ganz Schleswig-Holstein unter Beteiligung von Umsetzern und Transporteuren. Der bisher genutzte Begriff des „bedingungsloses" Grundeinkommens wird dahingehend kritisiert, dass die Kennzeichnung als „bedingungslos" falsche Assoziationen wecken könnte und deshalb entfallen soll.
2. **„Gute Häuslichkeit der Zukunft":** Es wurden eine „Häuslichkeit plus" und ein „Gemeinschaftsnetz zwischen Haushalten" diskutiert. Kommunen müssen für ein Quartiersmanagement aktiviert sowie Wohnungsträger in den Diskurs integriert werden. Das gemeinschaftliche Wohnen ist auch Aufgabe der Wohlfahrtspflege.

3. **„Mehrgenerationenhaus":** Es soll eine Begegnungsstätte für alle Generationen entstehen. Folgende Punkte müssen dabei beachtet werden: die Akteure, das Konzept, der Standort, die Politik und Finanzierung. Ein ersterer Schritt ist eine Sozialraumanalyse.

**Kreis Nordfriesland:**

1. **„Generationenübergreifendes Wohnen und familienähnliche Netzwerke":** In dieser Gruppe entstanden zwei Ideen. Für das generationenübergreifende Wohnen müssen Verbündete gesucht werden, Vereine involviert und Events organisiert werden. Referenzprojekte zu finden ist ein erster Schritt, sowie ein generationenübergreifender Austausch durch beispielsweise Tauschbörsen zu schaffen, in denen u.a. es darum geht, unterschiedliche Bedürfnisse zu artikulieren und transparent zu machen, um somit eine Basis und Ideen für wechselseitige Unterstützungsleistungen zu haben. Damit hängt die Entwicklung von familienähnlichen Netzwerken eng zusammen. Ziel ist eine reale Begegnung und der Abbau von Scheu. Orte müssen dafür gefunden werden. Erste Schritte sind die Einbeziehung von BürgermeisterInnen, den Medien und die Durchführung eines „lebenden Adventskalenders".

2. **„Rufbus plus":** Investitionen in die Zukunft sind wichtig. Ein wichtiger Aspekt ist hierbei die Infrastruktur. Diese Gruppe hatte mehrere Ideen. Einmal das „plus" für das bereits bestehende Rufbus-Projekt und damit eine Einbettung des Projekts in den ÖPNV, vor allem durch eine digitale Vernetzung durch eine App. Das zweite ist ein soziales Gemeinschaftsnetz entstehen zu lassen („Was kann ich tun?"). Die Idee eines Infolotsen entstand (sogenannten „Diakos"). Auch diese Gruppe möchte einen Austausch von Best-Practice Beispielen und nimmt an der KüKo (KümmerInnen-Konferenz) teil.

3. **„Das Miteinander im Sozialraum stärken":** Diese Gruppe ging sehr systematisch vor und fing erst einmal damit an, dass Bewusstsein in der Öffentlichkeit geschaffen werden muss. Bedarfe müssen erfasst, sowie Ziele und Maßnahmen abgesteckt werden. Netzwerkakteure sind zu identifizieren und zu motivieren, danach muss die Kontaktaufnahme zur Bürgerin/zum Bürger stattfinden. Wichtig ist, die Themen auf Gemeindeebene festzulegen. Eine erste Idee war ein Bürgerverein, eine zweite der Austausch von Best-practice Beispielen. Eine konkrete Verabredung ist eine KüKo (KümmerInnen-Konferenz) im Landkreis.

Die Ergebnisse bzw. der Prozess dieser kleinen Zukunftsprojekte sollen durch Poster auf der Zukunftskonferenz am 14. Februar 2018 in Rendsburg dokumentiert werden.

# 4 Vergleichende Prozessanalyse

## 4.1 Evaluation und Vergleich der Zukunftswerkstätten aus TN-Sicht

Wie auch für die erste Zukunftswerkstatt bekamen die TeilnehmerInnen in der zweiten Work-shopwelle einen Evaluationsbogen in ihren Mappen ausgehändigt. Diese konnten anonym in eine Glas-Urne geworfen worden. Dieser Abschnitt möchte die Ergebnisse kurz erläutern, ver-gleichen und daraus Schlüsse ziehen. Die Tabelle zeigt die Rücklaufquote des Evaluationsbo-gens nach jeder Zukunftswerkstatt in den Laborregionen:

| | Erste Zukunftswerkstatt (März 2017) | | Zweite Zukunftswerkstatt (September 2017) | |
|---|---|---|---|---|
| | **Kreis Segeberg** | **Kreis Nordfriesland** | **Kreis Segeberg** | **Kreis Nordfriesland** |
| **Rück-lauf-quote** | 21 Bögen bei 22 TeilnehmerInnen (95,45%) | 13 Bögen bei 14 TeilnehmerInnen (92,9%) | 16 Bögen bei 19 TeilnehmerInnen (84,21%) | 16 Bögen bei 19 TeilnehmerInnen (84,21%) |

Abbildung 8: Rücklaufquote des Evaluationsbogens

Die Ergebnisse der zwei Bewertungsrunden können nur zu einem Teil verglichen werden, da in der zweiten Zukunftswerkstatt ein anderes Set an Fragen verwendet wurde. Jedoch blieben die Fragen zu Format, Moderation und der allgemeinen Zufriedenheit identisch (siehe An-hang). Besonders auffällig dabei ist, dass im Kreis Segeberg die sehr gute allgemeine Zufrie-denheit zurückgegangen ist (von 60% sehr zufrieden in der ersten Zukunftswerkstatt auf 37% in der zweiten Zukunftswerkstatt; dafür waren 50% zufrieden (40% in der ersten Zukunftswerk-statt)). Dies bedeutet immer noch, dass die Mehrheit konstant zufrieden mit dem Workshop war, jedoch soll hier eine Interpretation versucht werden, wie es zu der etwas geringeren Zu-friedenheit kam:

1. Im Evaluationsbogen der zweiten Zukunftswerkstatt wurde versäumt zu fragen, wer bereits bei der ersten WS-Welle dabei war. Dies wurde lediglich in der Aufwärmphase kurz abgefragt, allerdings kann dadurch keine Korrelation zwischen dem Zufrieden-heitswert und der Teilnahme analysiert werden. Diese Korrelation wurde vor der zwei-

ten Workshopwelle nicht gesehen, jedoch ist es nicht unwahrscheinlich, dass sich Neuzugänge von der gesamten Szenarienkonstruktion und –bewertung etwas überfahren fühlten, weil sie daran nicht mitwirken konnten.

2. Die Wirkung der Räumlichkeiten der zweiten Workshopwelle darf nicht unterschätzt werden. Wir hatten in der ersten Workshopwelle nach der Zufriedenheit mit Moderation und Format gefragt, jedoch nicht explizit nach den Räumlichkeiten, jedoch lässt sich diese Hypothese durch die Ergebnisse (Abbildung 9) durchaus bestätigen. In der zweiten Workshop-Welle fand die erste Zukunftswerkstatt in den recht beengten, niedrigen und durch die Innenausstattung schweren Räumen eines Seniorenstifts statt, die zweite Zukunftswerkstatt unter sehr beengten Verhältnissen im Nebenraum eines Gasthauses. Demgegenüber standen in der ersten Workshop-Welle deutlich großzügigere und durch Dritte nicht gestörte Räumlichkeiten zur Verfügung.

| | | Erste Zukunftswerkstatt (März 2017) | | Zweite Zukunftswerkstatt (September 2017) | |
|---|---|---|---|---|---|
| | | Kreis Segeberg (N=22) | Kreis Nordfriesland (N=12) | Kreis Segeberg (N=16) | Kreis Nordfriesland (N=16) |
| „Wie empfanden Sie das Format der Veranstaltung?" | Sehr geeignet | 48% | 33% | 31% | 32% |
| | Geeignet | 52% | 67% | 50% | 56% |
| | Weniger geeignet | 0% | 0% | 13% | 6% |
| | Keine Angaben | 0% | 0% | 6% | 6% |
| „War der Veranstaltungsraum geeignet?" | Ja | *Wurde nicht abgefragt.* | | 68,75% | 68,75% |
| | Nein | *Wurde nicht abgefragt.* | | 12,5% | 18,75% |

Abbildung 9: Bewertung von Veranstaltungsformat und -raum

## 4.2   Prozesserwartungen und Ergebnis

Die Reflexion der Prozesserwartungen und der Ergebnisse der beiden Wellen der Zukunftswerkstatt soll zunächst zwischen den beiden Projektphasen unterscheiden, um anschließend
ein erstes Gesamtresümee zu ziehen.

**Reflexion der ersten Welle Zukunftswerkstatt**

Die ersten beiden Zukunftswerkstätten (März 2017) zeigten bereits in der Teilnahmerekrutie-
rung ein Strukturproblem des gewählten partizipativen Ansatzes, das auch in der zweiten
Workshopwelle nicht vollständig gelöst werden konnte: die Konzentration auf die beiden Laborregionen schränkte die Teilnahmestruktur sowohl geographisch wie sozialstrukturell ein.
Interessenten außerhalb der Laborregionen fühlten sich überwiegend nicht angesprochen. Die
Veranstalterschaft Diakonisches Werk wiederum scheint potentielle TeilnehmerInnen außerhalb des eigenen und des kommunalpolitischen Feldes nicht angezogen zu haben. So wurde
das Fehlen von Verantwortlichen der Kirchengemeinden genauso bedauert wie das Fehlen von
ÄrztInnen, Vertretern anderer Wohlfahrtsverbände, der Privaten Anbieter, die in Schleswig-Holstein in der Regel unterhalb der öffentlichen Wahrnehmungsschwelle gegenüber anderen Bun-
desländern vergleichsweise einflussreich sind, aber auch von Vertretern von Exklusion bedroh-
ter Gruppen wie Behinderte (ein Vertreter des Sozialverbandes nahm an einem Workshop in
der zweiten Welle teil) oder Migranten. Letzteres ist vor allem deshalb bedauerlich, weil das
Projekt sich gerade mit Kompensationsstrategien zur Entleerung des  ländlichen Raums in-
folge der demographischen Entwicklung beschäftigt.[27] Von einem Strukturproblem müssen
wir deshalb sprechen, weil es im Rahmen des gewählten Projektdesigns nur sehr schwer lös-
bar scheint. Wir hatten, dies antizipierend, daher von vornherein eine Online-Befragung vorge-
sehen, bei der auch eine Partizipation außerhalb der hergebrachten Rekrutierungskanäle wahrscheinlich erschien. Dies gelang durchaus, für die Online-Beteiligung mobilisierte das Projekt-
büro des Auftraggebers sehr breit.[28]

Als ein zweites, allerdings weniger strukturelles, als vielmehr kulturelles und psychologisches
Problem erwies sich die Mobilisierung von Zukunftsenergien, insbesondere zur Imagination
einer von der Gegenwart (und damit auch der Vergangenheit) abweichenden Zukunft. In der

---

[27]   Akademie für die ländlichen Räume 2017

[28]   Siehe dazu die Übersicht in Opielka/Peter 2017a, S. 17

zweiten Zukunftswerkstatt der ersten Workshopwelle wurde daher das Instrument der Phantasiereise (Kapitel 1.3) eingesetzt, mit der es für die meisten TeilnehmerInnen möglich war, sich in das Jahr 2045 zu versetzen.

Schließlich zeigten beide Zukunftswerkstätten der ersten Workshopwelle, dass Interventionen von außen erforderlich waren, um den Wahrnehmungsmodus auf Zukunft zu stellen. Dies geschah durch ein Bündel von Interventionen. Zum einen durch die vorher allen TeilnehmerInnen in einer Lang- und Kurzfassung zur Verfügung gestellten Trendanalysen, die nach der ersten Workshopwelle im Zwischenbericht integriert wurden.[29] Die Trendanalysen bildeten wiederum die Grundlage für die Arbeit mit der Morphologischen Matrix und damit der Konstruktion von Szenarien. Mit diesem Methodenbündel und zusätzlich der Phantasiereise gelang in beiden Zukunftswerkstätten eine Sensibilisierung für langfristige Zukunftsperspektiven und damit die Generierung von insgesamt vier gehaltvollen Szenarien für die Zukunft der Altenhilfe in Schleswig-Holstein, die dann in der Online-Beteiligung zu Diskussion und zum Voting gestellt wurden.

**Reflexion der zweiten Welle Zukunftswerkstatt**

Vielleicht das wichtigste Ergebnis der Online-Beteiligung war die Gegenläufigkeit der wünschenswerten und wahrscheinlichen Zukunftszenarien: Was die TeilnehmerInnen ganz überwiegend für wünschenswert halten, halten sie für wenig wahrscheinlich. Ob man dies einem nördlichen, protestantisch geprägten Realismus zurechnet oder einem Zeitgeist der „Alternativlosigkeit", bedarf genauerer Reflexionen, wie sie mit dem Abschlussbericht des Projektes vorgelegt werden. Wenn wir jedoch die in der zweiten Welle eingesetzte Methode der Kraftfeldanalyse auf uns selbst beziehen (SWOT-Light), so müssen wir feststellen, dass beide Zukunftwerkstätten in der zweiten Workshopwelle sehr stark der Gegenwart verhaftet geblieben sind. Dies ließe sich mit dem Workshop-Ziel des Szenario-Transfers erklären, der eben an den gegenwärtigen Verhältnissen ansetzt und eine Step-by-Step-Strategie nahe legt.

Die bemerkenswerte Zukunftsvermeidung zeigte sich beispielsweise darin, dass das Thema Grundeinkommen nur in der ersten Zukunftswerkstatt (Kreis Segeberg) als ein Zukunftsthema mit Projektcharakter aufkam, dabei speziell das Thema Wording, nicht die Finanzierung oder andere Implementationsfragen. Es wurde sofort ein Bezug zur Neid-Debatte, zu Umvertei-

---

[29]  Opielka/Peter 2017

ISÖ
Institut für
Sozialökologie

lungsproblem und einer von vielen erlebten Zweiklassengesellschaft hergestellt, das gesell-schaftliche Strukturproblem wurde also durchaus erkannt, die TeilnehmerInnen erlebten sich dann aber als gebannt durch die Komplexität gesellschaftlicher Reformprojekte.

Intensiv diskutiert wurde in der zweiten Workshopwelle die Rolle des Ehrenamts und seiner Position in der Gesellschaft. Als klarer Konsens zeichnete sich ab: Ehrenamt braucht Haupt-amt, benötigt eine Anerkennung des Engagements, gerade angesichts der sinkenden langfris-tige Bindungsbereitschaft. Hier kreuzten sich weitere bedeutende, in beiden Zukunftswerkstät-ten diskutierte Themen: die von einigen TeilnehmerInnen beklagte „Trägheit der Generation Y", die den Generationenvertrag gefährden könnte und möglicherweise mit dem Personalmangel in der Pflege zusammen hängt.

Methodisch zeigte sich, dass die als Verlangsamungs- und Konzentrationsstrategie eingesetz-ten Whatness-Methode die TeilnehmerInnen zu sehr auf sich selbst bezieht und im Wesentli-chen bekanntes Wissen mobilisiert. Das wirft auch ethische Probleme auf, die sich uns als wissenschaftliche Träger dieses Forschungs- und Entwicklungsprojektes stellen: wie sehr strukturieren wir durch unsere Interventionen und Selektionen den Prozess der Zukunftssze-narien? Andererseits aber auch: wie wird der Prozess relevant, erreicht die Stakeholder der Altenhilfe der Zukunft ohne sie nur in ihren bekannten Gewissheiten zu beruhigen? Diese Fra-gen sollen nun in der Vorbereitung der beiden Zukunftskonferenzen am 14. Februar 2018 ge-löst werden: der Zukunftskonferenz in der realen Welt im Alten Arsenal in Rendsburg einer-seits, der virtuellen Zukunftskonferenz in der digitalisierten Welt andererseits, die für einen Tag im Februar 2018 ineinsfallen werden.

# 5    Ausblick: Zukunftskonferenz

Aufbauend auf den Ergebnissen der beiden Workshop-Wellen wird das Projekt mit einer Zukunftskonferenz abgeschlossen.[30] Ihr Ziel ist die Entwicklung von „gemeinsamen Zukunftsbil-
dern" durch die Interaktion verschiedener Interessengruppen und die Entdeckung des „gemeinsamen Grundes".[31] Grundprinzip hierfür ist, „das ganze System in einem Raum" abzubilden und
den Fokus nicht auf Probleme und Interessenskonflikte zu lenken.[32]

In der Literatur findet man fünf Schritte, die während einer Zukunftskonferenz wie in einer „Ach-
terbahnfahrt" durchlaufen werden. Die TeilnehmerInnen sollen ein gemeinsames „Gruppen-
bzw. Organisationsbewusstsein" entwickeln mit einer „gemeinsam getragenen Zielorientie-
rung".[33] Die klare Struktur ist eine Stärke der Methode:

1)  Rückblick: „Wo kommen wir her?"[34]

2)  Analyse der IST-Situation innerhalb und außerhalb des Zielbereichs: „Welche Entwicklun-
    gen kommen auf uns zu?", „Worauf sind wir stolz? Was bedauern wir?". Ziel ist die „Erzeu-
    gung eines Gesamtbilds der Realität" als „Basis gemeinsamer Ziele"

3)  Vision/Ziele: „Wo wollen wir hin?"; Erarbeitung und Visualisierung von Handlungsfeldern

4)  Konsens schaffen über „gemeinsame Ziele der Visionen" für eine nachhaltige Wirksamkeit

5)  Erarbeitung von ersten „Maßnahmen zur Erreichung der gemeinsam festgelegten Ziele"[35]

Es ist während der Zukunftskonferenz besonders wichtig, dass Gruppengrenzen aufgebrochen
werden um „Gemeinsamkeitsgefühle quer zu den bereits bestehenden Gruppenloyalitäten"
aufzubauen.[36]

---

[30]  Zunächst war eine Zukunftskonferenz je Laborregion mit ca. 60 TeilnehmerInnen geplant. Nach der ersten
      Workshopwelle wurde in der Steuerungsgruppe und im Projektbeirat einvernehmlich entschieden, im Februar
      2018 eine zentrale Zukunftskonferenz mit ca. 120 TeilnehmerInnen in Rendsburg durchzuführen. Sie wird zu-
      gleich als reale Konferenz in Rendsburg und als virtuelle Konferenz im Internet geplant.

[31]  Burow, Marschall, Schulte, & Taubken 2002, S. 16ff.

[32]  Baumfeld & Plicka 2005, S. 76ff.

[33]  Burow u.a. 2002, S. 18

[34]  Baumfeld & Plicka 2005, S. 77

[35]  Burow u.a. 2002, S. 39

[36]  Baumfeld & Plicka 2005, S. 78

ISÖ
Institut für
Sozialökologie

Durch diese Methode können bei Veränderungsbedarf neue Energien geweckt werden, sowohl durch die Erkenntnis gemeinsamer Werte unterschiedlicher Akteure, die dann nachhaltig wirkt, wenn der erarbeitete Maßnahmenplan implementiert wird.[37]

Für die Zukunftskonferenz wurden diese konzeptionellen Schritte beachtet, allerdings in geänderter Reihenfolge, da die Zukunftskonferenz auf zwei Wellen der Zukunftswerkstätten aufbauen kann. Der vorläufige Titel lautet „ZASH2045 – Wir können überall alt werden!". Die aktuelle Planung stellt sich folgendermaßen dar.

Wir sind im Jahr 2045. Das ist die IST-Situation der Konferenz. Unsere Trendthemen werden alle abgedeckt mit den Ausprägungen des gewünschten Szenarios $S1^2$. Alle TeilnehmerInnen (TN) erhalten zu Beginn einen Aufkleber, der ihr jetziges Alter (im Jahr 2045) zeigt. Der Eingang der Zukunftskonferenz ist mit persönlichen Fragen gefüllt, damit sich die TN mental auf das Jahr 2045 vorbereiten (z.B. Fragen aus der Traumreise aus der 1. WW). Zudem wird der Projektprozess abgebildet (7 Trends → 4 Szenarien → 2 finale Szenarien und deren Polarität → 1 Wunschszenario). Aus diesem Standpunkt heraus wird argumentiert und interagiert, es soll eine deliberative Veranstaltung werden. Die TN müssen emotional angesprochen werden, das Szenario muss erlebbar und erfahrbar sein. Was hätte man sich für die letzten Jahre an Entwicklungen gewünscht (Pfade, Pfadabhängigkeit)? Konnten fördernde Faktoren genutzt und hemmende Faktoren beseitigt werden? Am Ende der Zukunftskonferenz stehen Erkenntnisse & Thesen zur Weiterentwicklung der Altenhilfe in Form einer **„Agenda Altenhilfe Schleswig-Holstein 2030-2045".** Sie ist inspiriert von der „Agenda 2030" der UN (SDG/Nachhaltige Entwicklungsziele) und entspricht ihr auch in der Form: 7 Ziele zu jedem Trend sowie (nach Möglichkeit) mehrere Unterziele + Indikatoren. Dieses Dokument ist schon vor der Konferenz online kommentierbar.

Die ersten Konzeptionsdiskussionen zur Zukunftskonferenz haben gezeigt, dass ein verständliches, exemplarisches Projekt Teil der Zukunftskonferenz sein muss. Es müssen vermittelbare Narrative entstehen. Uns erscheint die Thematik „Vernetzung und Kommunikation" ein wichtiges Gebiet. Die Spannung zwischen ganzheitlichem Denken und der vorhandenen Versäulung muss dabei in den Fokus rücken. Das Projekt wäre **Entsäulung der Altenhilfe**. Ein zentrales Beispiel hierfür ist die Steuerungsproblematik zwischen den Gebieten Rehabilitation, Pflege, Teilhabe und Gesundheit und ganz wichtig: deren Interaktionen[38]. Wie kann mit diesen

---

[37]  Baumfeld & Plicka 2005, S. 80

[38]  Ähnlich der Debatte um die UN-Nachhaltigkeitsziele.

Überlegungen ein „Alter 4.0/5.0" gestaltet werden? Es werden Advokaten in der Altenhilfe benötigt, genauso wie Dialogforen und ein ganzheitliches Denken (Stichwort: Trägerübergreifende Querschnittsorganisation). Es werden Geschichten zum Vernetzen gesucht und die Zukunftskonferenz möchte dafür ein erster Schritt sein.

Die Zukunftskonferenz wird räumlich in zwei Bereiche aufgeteilt. Im Zentrum des Saals steht ein Podium mit wenigen Bestuhlungsreihen (2 bis 3 für max. 30-60 TN, sonst Stehtische, auf dem zunächst ein Start-Programm erfolgt (*Grand Opening*: Statement, Video[39], Präsentation Zukunftsszenario, Methodik), anschließend sollen zu den sieben Trends der Szenarioentwicklung (Demographischer Wandel – Soziale Veränderungen – Wertewandel – Sozialsysteme – Pflege – Technologie – Mobilität, jeweils ca. 20 Minuten) kurze **Zukunftstalks** stattfinden. Abschluss bei jedem Talk ist die Vorstellung des Ziels und nach Möglichkeit der Unterziele und deren Interaktion mit anderen Zielen.[40] Das erste Tendenzvotum kann über die App **Mentimeter** (https://www.mentimeter.com/why) live abgegeben werden (eine Art Mini-Delphi). Somit kann jeder TN die Richtung der Diskussion direkt beeinflussen und der Entscheidungsprozess ist transparent, jeder kann Stellung beziehen. Mithilfe des Hashtags *#ZASH2045*[41] kann während der Konferenz und Zukunftstalks getwittert werden, die auf der **Social Wall**[42] angezeigt werden (eine große Leinwand im Rücken bzw. direkt neben der Bühne der Zukunftstalks). Diese Statements werden von einer/einem ZASH-MitarbeiterIn in die Diskussion integriert (ähnlich wie in ZDF-Talkshows). Damit findet zugleich eine „zweite" Zukunftskonferenz parallel im Internet/den Sozialen Medien statt. Eine weitere Idee zur Protokollierung der Ergebnisse ist das „Graphical Recording". Aus den Diskussionen werden die inhaltlichen Themen als Bild durch einen Visual Facilitator zusammengefasst. Die Konferenz könnte auf einer App online gestellt und organisiert werden (z.B. Conference4me) (Programm, Lagepläne, Updates).

Der zweite Teil des Saals ist in sieben **Zukunftsinseln**[43] aufgeteilt, die jeweils aus einem „Marktplatzstand"[44] und einer „Ideenwerkstatt" besteht.

---

[39] Dies können ein Trailer oder 2-3 Kurzfilme sein.

[40] Die Verbindung von Rückblick und Ausblick muss hier geschaffen werden.

[41] Nach einer Kontrolle über die Seite http://hashtagify.me/ musste der Hashtag noch einmal geändert werden, damit andere Seiten nicht auf unserer Social Wall landen, da sie denselben Hashtag verwenden. Ein anderer interessanter Link zur Kombination von Hashtags, um die Reichweite zu erhöhen ist folgender: https://ritetag.com/best-hashtags-for/ZASH

[42] Auch unter der Methode „Tweetup" bekannt. Social wall: walls.io; Dazu wird ein sehr gut auflösender Beamer benötigt, der auf kurze Distanz arbeitet und eine Leinwand von 6-8m.

[43] Pro Trend eine Zukunftsinsel (Demographischer Wandel, Soziale Veränderungen, Wertewandel, etc.). Jede Insel bekommt eine Farbe zur besseren Unterscheidung.

[44] Hier wird die Methode des Marktplatzes aufgegriffen.

ISÖ
Institut für
Sozialökologie

1) **Marktplatz**: Wir laden verschiedene Projekte und Innovationen ein, die das gewünschte Szenario voranbringen. Jeder erhält einen kleinen Stand, an dem er sich präsentieren und informieren kann. Damit entsteht Platz für andere Diakonie-Projekte (SEMPRE, DI-ADEM, MAMBA etc.), aber auch für den Pflegeroboter aus Kiel oder das Rufbussystem aus Nordfriesland. Die Laborregionen Nordfriesland und Segeberg sollen besonders angesprochen werden. Auch die kleinen Zukunftsprojekte gehören können den Zukunftsinseln zugeordnet werden, sofern sie nicht mit Postern im Eingangsbereich präsent sind.

2) **Ideenwerkstatt**: Zu jedem Trend gibt es eine kleine Ideenwerkstatt (Semi-Open-Space Gruppen) mit Sitzsäcken, Stühlen, Flipcharts und QR-Codes mit dem Link zu Mentimeter, durch die die TN ihr zweites Votum abgegeben können. Es sollte gemütlich sein, so dass die TN miteinander gut kommunizieren und Ideen eventuell auch gemeinsam weiterentwickeln können. Mehrere Verantwortliche/Moderatoren müssen pro Ideenwerkstatt darauf achten, dass die Ideen schriftlich festgehalten werden.

Hinweise: Es wird sehr viel Platz benötigt. Wichtig ist die Teilnahme einflussreicher Personen aus der Politik, Wirtschaft und Zivilgesellschaft. Es müssen möglichst alle Gebiete, die mit der Altenhilfe verbunden sind, abgedeckt sein.

ISÖ
Institut für
Sozialökologie

# 6 Literaturverzeichnis

Akademie für die ländlichen Räume, 2017: *Neue Nachbarn - Zusammenleben im ländlichen Raum. Expertise zu den Chancen und Handlungsansätzen für eine erfolgreiche Integration von Neueinwanderern in die ländlichen Räume Schleswig-Holsteins.* Flintbek: Akademie für die ländlichen Räume Schleswig-Holsteins

Baumfeld, Leo & Plicka, Petra, 2005: *Großgruppeninterventionen. Das Praxisbuch.* Wien: ÖAR-Regionalberatung.

Bundeszentrale für politische Bildung - bpb, 2017: Szenariotechnik, Szenariomethode. Link: http://www.bpb.de/lernen/formate/methoden/62269/methodenkoffer-detailansicht?mid=275

Burow, Olaf Axel/Marschall, Stefan/Schulte, Dagmar/Taubken, Norbert, 2002: *Aktuelle und bewährte Konzepte zur Gestaltung und Moderation von Großgruppenveranstaltungen. Ein Wegweiser.* Bonn: Bundeszentrale für politische Bildung.

Kosow, Hannah/ Gaßner, Robert, & Erdmann, Lorenz, 2008: Methoden der Zukunfts- und Szenarioanalyse: Überblick, Bewertung und Auswahlkriterien. Berlin: IZT

Maaß, Evelye/ Ritschl, Karsten, 1996: Phantasiereisen leicht gemacht. Die Macht der Phantasie. Paderborn

Miller, William C., 1989: *The Creative Edge. Fostering Innovation Where You Work,* Reading, MA: Addison-Wesley

Müller, Else, 1996: Du spürst unter deinen Füßen das Gras. Autogenes Training in Phantasie- und Märchenreisen. Frankfurt am Main

Opielka, Michael/Peter, Sophie, 2017: *Zukunftsszenario Altenhilfe Schleswig-Holstein 2030/2045. ZASH2045 - Zwischenbericht,* ISÖ-Text 2017-1, Siegburg: ISÖ - Institut für Sozialökologie

Opielka, Michael/ Peter, Sophie, 2017a: *Zukunftsszenario Altenhilfe Schleswig-Holstein 2030/2045. ZASH2045 - Auswertung der Onlinebeteiligung,* ISÖ-Text 2017-2, Siegburg: ISÖ - Institut für Sozialökologie

Popp, Susanne, 2001: *Sokratisches Gespräch – Eine Methode der diskursiven Begriffserklärung,* https://www.sowi-online.de/praxis/methode/sokratische_gespraech_eine_methode_diskursiven_begriffsklaerung.html#kap0

Ritchey, Tom, 1998: *General morphological analysis. In 16th euro conference on operational analysis.* Link: http://www.swemorph.com/pdf/gma.pdf

Scharmer, c. Otto, 2009: *Theorie U. von der Zukunft her Führen.* Heidelberg: Carl-Auer Verlag

The World Café Community, 2002: Café to Go! In: *Whole Systems Associates.*

Whatness.eu, 2017: *Whatness. Das Wesentliche ist einfach.* Link: www.whatness.eu

Windolph, Andrea 2017: *Die Kraftfeldanalyse: Was fördert uns – und was blockiert?* Link: https://projekte-leicht-gemacht.de/blog/pm-methoden-erklaert/kraftfeldanalyse/

# 7   Anhang

Anhang 7.1 enthält die Evaluationsergebnisse der zweiten Welle Zukunftswerkstatt. Die Evaluationsergebnisse der ersten Welle Zukunftswerkstatt im März 2017 finden sich im Zwischenbericht (Opielka/Peter 2017, S. 197ff.). Aus Gründen der Übersichtlichkeit werden Antwort-Kategorien mit 0% Besetzung in den Tortendiagrammen nicht angezeigt. Die Tagesabläufe beider Wellen der Zukunftswerkstatt sind in Abschnitt 7.2 abgebildet.

## 7.1   Evaluationsergebnisse der zweiten Zukunftswerkstatt

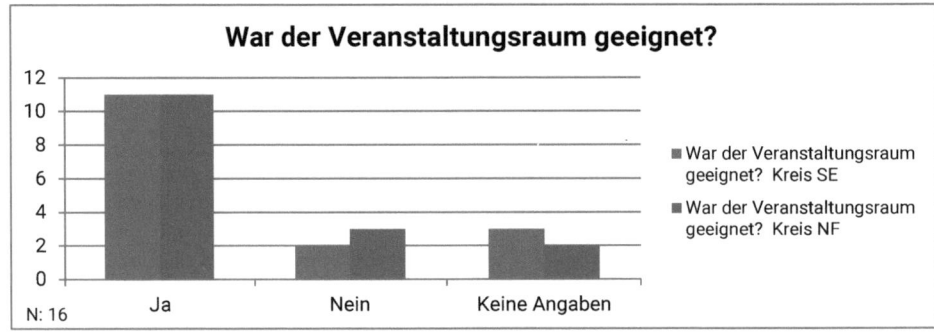

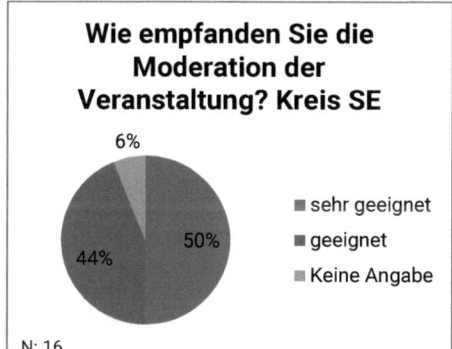

**Wie empfanden Sie die Moderation der Veranstaltung? Kreis SE**

6%

- sehr geeignet
- geeignet
- Keine Angabe

50%
44%

N: 16

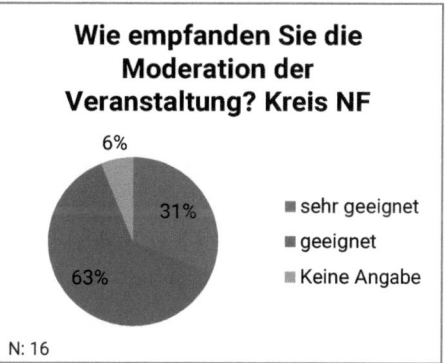

**Wie empfanden Sie die Moderation der Veranstaltung? Kreis NF**

6%

31%

- sehr geeignet
- geeignet
- Keine Angabe

63%

N: 16

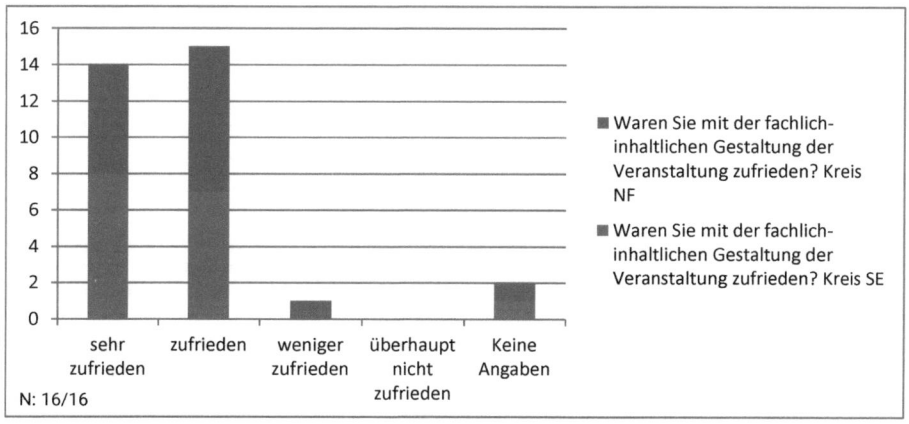

- Waren Sie mit der fachlich-inhaltlichen Gestaltung der Veranstaltung zufrieden? Kreis NF
- Waren Sie mit der fachlich-inhaltlichen Gestaltung der Veranstaltung zufrieden? Kreis SE

N: 16/16

## Welche Phase der Zukunftswerkstatt war für Sie heute am wichtigsten?

**Kreis SE**

Kleingruppenarbeit, Beispiel - Diskussion - Dialog
Auswahl der Beispiele + Konkretisierung
Projektverabredungen
Whatness-Methode
Projektvorstellung
Kontakte mit "Mitstreitern" auffrischen
Dabei gewesen zu sein

**Kreis NF**

Kleingruppe am Nachmittag (13-15 Uhr)

Abschluss
verbindlicher Ansatz KüKo
konkrete Beispiele!! Mit konkreten Schritten

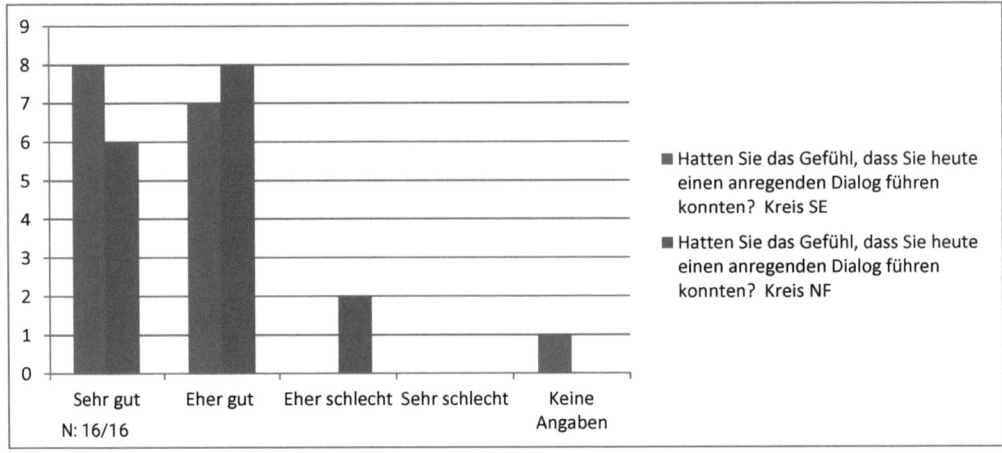

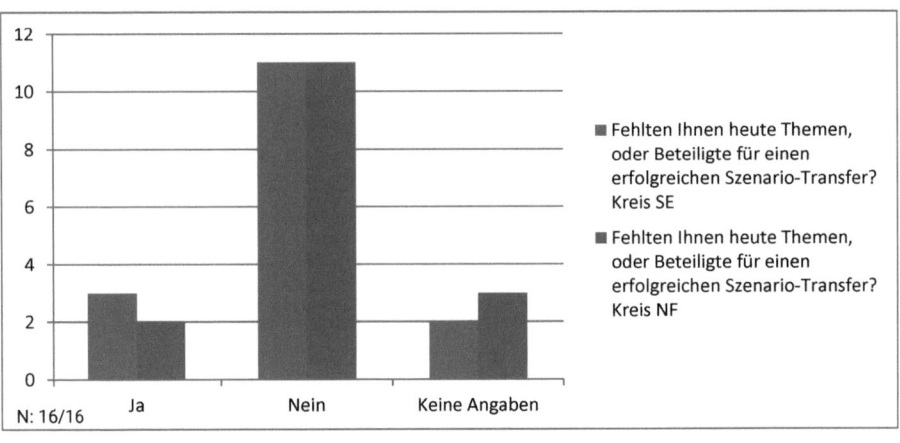

**Wenn ja, bitte erklären Sie kurz Ihre Antwort:**

| **Kreis SE** | **Kreis NF** |
|---|---|
| Menschen aus Politik und Diakonie waren dominierend | eher einfachere Erklärungen |
| Wohnungsbau, Kommunen, Politik | Leben im Alter in 2045 |
| Es konnten nicht alle Themen tief genug diskutiert werden | |

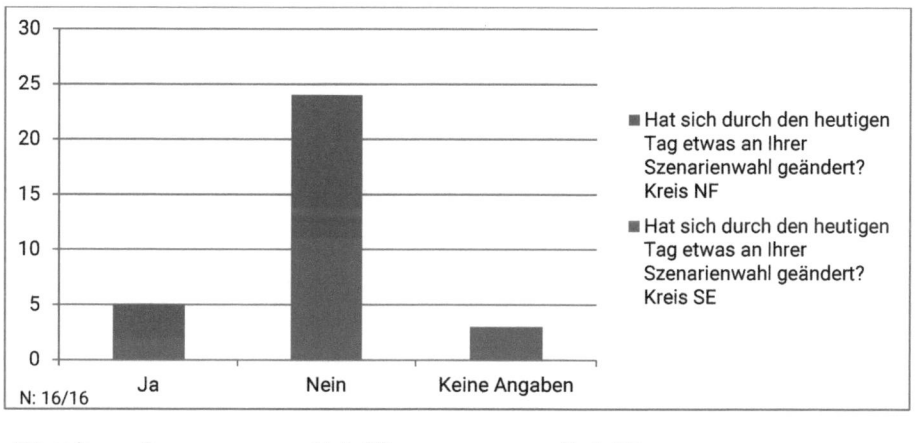

N: 16/16

**Wenn ja, was?**  Kreis SE  Kreis NF
Klarheit und Offenheit

**Welchen Austausch & Kooperationsmöglichkeiten wünschen Sie sich bis zur Zukunftskonferenz?**

| Kreis SE | Kreis NF |
|---|---|
| Informieren über den heutigen Tag (Protokoll) | Ergebnisbekanntgabe der ermittelten Handlungsschritte |
| Projektumsetzung | Ausführung der Vereinbarungen |
| Grundeinkommen | gute Protokolle beider Workshops; es gibt eine Verabredung zu einer Kümmererkonferenz |
| ist bereits vereinbart worden | informell |
| Weiterentwicklung der letzten Gedanken --> Umsetzung der Pläne | |
| Alle Akteure von Politik, Wohlfahrtspflege und Interessierten | |
| wir wollen thematisch arbeiten | |
| Kurzfristige Verabredung im kleinen Kreis – Weiterverfolgung des Themas "Gute Häuslichkeit der Zukunft" | |

Institut für
Sozialökologie

**Was wünschen Sie sich für die Zukunftskonferenz? Haben Sie andere Anregungen?**

| Kreis SE | Kreis NF |
|---|---|
| Fortsetzung des Themas | Klärender Durchblick über die Zukunft der Altenhilfe in SH |
| | Berichte der Zwischenergebnisse |
| | nächstes Treffen im "oberen NF"? |
| | breite Wahrnehmung; konkrete Ergebnisse für später wirksame Weiterarbeit |

## 7.2 Tagesabläufe beider Wellen Zukunftswerkstatt

### Zukunfts-Szenario-Workshop 9. und 10. März 2017 (Rickling und Garding)

**Die Veranstaltung beginnt um 9:00 Uhr und endet um ca. 16:00 Uhr.**

| Zeit | Aufgabe |
|---|---|
| 09:00 – 10:30 Uhr | Begrüßungsrunde<br>Kennenlernspiel<br>Workshopregeln<br><br>Entwicklung eines Dystopie-Szenarios<br>(zukunftspessimistisches Szenario) |
| Pause | |
| 11:00 – 12:30 Uhr | Entwicklung von Utopie-Szenarien<br>(zukunftsoptimistische Szenarien) |
| Mittagspause | |
| 13:30 – 14:30 Uhr | 1. Runde: Satz + Show Skulpturen<br>2. Runde: Erarbeitung finaler Szenarien |
| Pause | |
| 15:00 – 16:00 Uhr | Nach Arbeitszusammenhängen:<br>Selbst- und Fremdaufträge<br>Feedback |

Zukunftswerkstatt Szenario-Transfer am 7. September 2017 in Henstedt-Ulzburg

Die Veranstaltung beginnt um 9:00 Uhr und endet um ca. 16:00 Uhr.

| Zeit | Aufgabe |
|---|---|
| **09:00 - 09:45 Uhr** | Begrüßungsrunde<br>Kennenlernübung<br>Vorstellung des Zwischenberichts und der Ergebnisse der Online-Beteiligung anhand zwei zentraler Beispiele (Mini-Talk-Show) |
| **Pause** | |
| **10:15 – 11:45 Uhr** | Kraftfeldanalyse |
| **11:45 – 12:00 Uhr** | Vorstellung der Whatness-Methode<br>Gesprächsregeln<br>Aufteilung in Kleingruppen<br>Orientierungs-Blatt „Whatness" |
| **Mittagspause** | |
| **13:00 – 14:30 Uhr** | Durchführung der Whatness-Methode in Kleingruppen (Beispiele – Diskussionen – Dialog) |
| **Pause** | |
| **15:00 – 16:00 Uhr** | Identifikation von konkreten Handlungsschritten |

Der Tagesablauf der Zukunftswerkstatt in Tönning am 8.9.2017 war identisch, nur um 30 Minuten verschoben, Beginn um 9:30 Uhr, Ende um 16:30 Uhr.

ISÖ
Institut für
Sozialökologie

## Impressum

ISÖ – Institut für Sozialökologie gemeinnützige GmbH

Tel.: +49 (0) 2241 1457073
Fax: +49 (0) 2241 1457039

Ringstraße 8
53721 Siegburg

Wissenschaftlicher Leiter und Geschäftsführer
Prof. Dr. habil. Michael Opielka

Förder- und Trägerverein
Sozialökologische Gesellschaft e.V. (gemeinnützig) - gegründet 1987

Mitgliedschaft
Mitglied der Arbeitsgemeinschaft Sozialwissenschaftlicher Institute e.V. (ASI)
Mitglied im Deutschen Verein für öffentliche und private Fürsorge

Homepage

www.isoe.org